TABLE DES MA

Éveiller l'intérêt

Aidez les élèves à comprendre et à apprécier les thèmes du cours de développement du caractère en lisant des histoires qui traitent des mêmes thèmes.

Feuilles reproductibles et organisateurs graphiques

Reproduisez les fiches et les organisateurs graphiques proposés pour présenter de l'information, revoir des concepts importants et fournir de nouvelles occasions d'apprentissage, et encouragez les élèves à s'en servir. Les organisateurs graphiques les aideront à se concentrer sur des notions importantes ou à faire des comparaisons directes.

Cartes de comportements

Utilisez les cartes fournies comme point de départ pour des discussions ou des jeux de rôles, ou pour faire un tri en fonction des différents comportements présentés. Vous voudrez peut-être agrandir les cartes en les photocopiant et vous en servir pour créer un tableau d'affichage sur les bons comportements.

Jeux de rôles

Les jeux de rôles offrent aux élèves d'excellentes occasions de comprendre comment les autres se sentent dans différentes situations et de faire preuve d'empathie. N'introduisez les jeux de rôles que lorsque les élèves de la classe se connaissent bien et sont à l'aise les uns avec les autres. Fixez des règles pour ces activités afin d'éviter les comportements déplacés. Les éléments ci-dessous permettront aux élèves de retirer le maximum des jeux de rôles :

- une mise en scène du scénario proposé;
- une discussion et une analyse du scénario proposé;
- la poursuite du jeu de rôles avec d'autres situations possibles;
- l'élaboration de conclusions relatives au scénario proposé.

Développement du caractère, mat. - 1re année

LA FIERTÉ ET L'ESTIME DE SOI

Fierté : le fait d'être content ou satisfait de ses réussites et de sa situation
Estime de soi : le fait d'avoir une opinion positive de soi-même

Activité 1 : L'Élève de la semaine

En plus d'être un excellent moyen de développer la fierté et l'estime de soi chez les élèves, cette activité est aussi une façon de les amener à mieux connaître leurs camarades de classe et de créer une communauté. Au début de l'année scolaire, indiquez aux familles la semaine pendant laquelle leur enfant sera à l'honneur. En prévision de cette semaine, invitez-les à envoyer des photos spéciales de l'enfant, par exemple des photos de bébé, ainsi qu'un sac d'objets que l'élève voudrait montrer à ses camarades. Prévoyez un tableau où seront affichés des renseignements sur l'élève, ainsi que ses photos et ses travaux scolaires. Vous voudrez peut-être y inclure aussi des notes rédigées par les autres élèves pour féliciter l'Élève de la semaine ou lui exprimer leur appréciation.

Activité 2 : Récompenser les élèves

Soulignez et récompensez les réussites et les qualités des élèves sur une base régulière, en vous servant des certificats fournis dans le présent guide d'enseignement. Tenez un registre des certificats qui ont été décernés et des élèves récompensés, afin de surveiller certains comportements ou certaines réalisations chez des élèves particuliers. Les certificats peuvent être remis aux élèves dès qu'ils les méritent, à moins que vous ne préfériez tenir des réunions périodiques pour les distribuer.

Activité 3 : La persévérance

Invitez les élèves à se fixer des objectifs personnels. Par les moyens ci-dessous, encouragez-les à persévérer et à atteindre ces objectifs :

• Affirmez aux élèves que vous avez confiance dans leur capacité d'atteindre leurs objectifs.
• Faites des commentaires honnêtes sur ce que les élèves font bien et sur ce qu'ils doivent améliorer.
• Si une tâche semble intimidante pour un élève, divisez-la en éléments plus faciles à gérer.
• Faites comprendre aux élèves qu'il est normal que les choses ne soient pas toujours faciles et qu'ils sont capables de surmonter les obstacles.
• Insistez sur l'importance de terminer ce qu'ils ont commencé.
• Parlez de vos expériences personnelles.
• Soulignez les réussites des élèves et invitez-les à expliquer comment ils se sentent après avoir atteint leur objectif.

Activité 4 : Acquérir de bonnes habitudes de travail

Aidez les élèves à se sentir responsables de leur apprentissage. Encouragez-les à évaluer leurs habitudes de travail quotidiennes, en vous servant de critères qui sont à leur portée et faciles à comprendre. La grille intitulée « Comment ça va? », fournie dans le présent guide d'enseignement, vous donnera une meilleure idée de ce qui rend un bon travail exemplaire ainsi que des qualités démontrées par un excellent élève.

L'OBJECTIF DE _____

Mon objectif, c'est de : _____

Je veux atteindre cet objectif parce que :

_____

Pour atteindre cet objectif, je dois :

_____

L'ÉLÈVE DE LA SEMAINE

Élève de la semaine : _____

Cher parent/tuteur, Chère tutrice,

Votre enfant a été choisi(e) comme *Élève de la semaine* pour la semaine du _____.

Je vous invite donc à placer dans le sac de papier des objets que votre enfant aimerait apporter en classe pour les montrer à ses camarades. N'oubliez pas d'inclure des photos de son choix, que nous afficherons sur notre tableau de la *Vedette de la semaine.* Veuillez aussi nous fournir les renseignements ci-dessous afin que nous les ajoutions à notre tableau.

La participation et le soutien de votre famille sont très appréciés!

Mon livre préféré :

_____

Mon plat préféré :

_____

Ce que j'aime le mieux à l'école :

_____

4

L'ÉLÈVE DE LA SEMAINE

Je m'appelle _____

Voici mon portrait.

J'ai _____ ans. Je suis une personne spéciale parce que _____

_____

5

LE LIVRE DE

_____

SUR LA FIERTÉ

Je suis fier ou fière quand j'apprends quelque chose de nouveau à l'école.

Je suis fier ou fière de mon travail.

Je suis fier ou fière quand je gagne.

Je suis fier ou fière quand je suis capable de faire une chose bien.

Fais un dessin.

Je suis fier ou fière de moi!

Termine la phrase inscrite dans le ballon.

JE SUIS CAPABLE!

par :

_____

Je vais apprendre à lire! Je suis capable!

Je vais
apprendre
à jouer de
la trompette!
Je suis
capable!

Je vais
m'entraîner
pour jouer au
soccer le mieux
possible!
Je suis capable!

Je vais mettre de l'argent de c té pour quelque chose de spécial! Je suis capable!

Je vais m'exercer pour danser le mieux possible! Je suis capable!

Je vais apprendre à jouer au basket-ball! Je suis capable!

Je vais continuer à essayer jusqu'à ce que je sois capable de le faire!

LA COMPASSION

Le fait de témoigner de la sympathie aux autres et de s'efforcer
de comprendre leurs besoins et leurs sentiments.

Activité 1 : Tout le monde a des sentiments

En classe, dressez une liste des différents types de sentiments. Discutez de situations dans lesquelles chacun de ces sentiments peut se manifester. Demandez aux élèves de remplir les feuilles d'activités intitulées « Mes sentiments » et discutez-en tous ensemble.

Activité 2 : Des personnes attentionnées

Demandez aux élèves ce qu'est, selon eux, une personne attentionnée. En groupe, faites un remue-méninges et dressez une liste de ce qu'on fait et de ce qu'on ne fait pas quand on est attentionné. Demandez des exemples précis pour chacun des comportements suggérés par les élèves.

Points de départ pour la discussion :

1. Selon vous, comment les nouveaux élèves se sentent-ils quand ils arrivent dans une nouvelle classe? Que pourriez-vous faire pour eux?
2. Que pourriez-vous faire pour qu'une personne triste soit contente?

Activité 3 : Des gestes de gentillesse

Demandez aux élèves de donner des exemples de gentillesse. Notez leurs réponses sur une feuille grand format. Invitez-les ensuite à décrire le genre de sentiments que chacun des gestes de gentillesse cités suscite en eux. Essayez de leur faire comprendre qu'ils peuvent rendre les gens heureux, par exemple en leur faisant des compliments ou en se montrant gentils avec eux. Invitez les élèves à créer des cartes de compliments ou d'appréciation pour d'autres élèves de la classe, ou à fabriquer des coupons à distribuer aux autres en guise de geste de gentillesse.

Points de départ pour la discussion :

Comment se sent-on quand on est gentil? Et quand on est méchant?

Activité 4 : Quand on est en colère...

Demandez aux élèves de se rappeler un moment où ils ont été en colère. Invitez-les à expliquer ce qui s'est passé et comment ils ont réagi. Voici quelques exemples possibles :

- quelque chose est injuste;
- quelqu'un a été méchant envers moi ou m'a taquiné(e);
- quelqu'un a brisé quelque chose;
- il y a quelqu'un à ma place;
- quelqu'un ne veut pas partager;
- quelqu'un m'a pris quelque chose.

Activité 5 : L'intimidation

Aidez les élèves à bien comprendre ce qu'est l'intimidation. L'intimidation consiste à faire mal à quelqu'un, physiquement ou psychologiquement. Insistez sur le fait que ce mauvais comportement peut se retrouver chez des gens de toutes sortes. Une personne est généralement victime d'intimidation de façon répétée. L'intimidation peut être, par exemple :

physique : frapper une personne, lui donner des coups de poing, la faire trébucher, la bousculer, lui voler ses affaires, l'enfermer quelque part ou l'empêcher d'entrer dans un lieu, etc.

verbale : taquiner une personne, la dénigrer, se moquer d'elle, faire des remarques embarrassantes sur elle, etc.

relationnelle : exclure une personne d'un groupe, répandre des rumeurs sur elle, ne pas faire attention à elle.

Il faut espérer que, si les élèves arrivent à comprendre ce qu'une personne ressent quand elle est victime d'intimidation, ils feront preuve de plus d'empathie et aideront à faire cesser de tels comportements.

MES SENTIMENTS

1. Je suis joyeux ou joyeuse quand...

2. Je suis triste quand...

3. Je suis inquiet ou inquiète quand...

MES SENTIMENTS

4. Je suis excité(e) quand...

5. Je suis en colère quand...

6. J'ai peur quand...

COMMENT TE SENTIRAIS-TU?

Décris quels seraient tes sentiments dans chacune des situations ci-dessous.

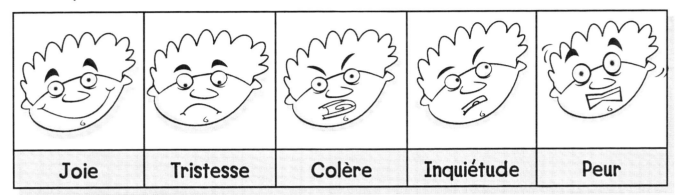

| Joie | Tristesse | Colère | Inquiétude | Peur |

Situation	Sentiment
Je vais rendre visite à mes cousins préférés.	
Mon poisson rouge est mort.	
Je change d'école.	
C'est mon anniversaire.	
J'ai fait un test.	
Quelqu'un a tenté de m'intimider à l'école.	
Mon ami(e) m'a raconté une blague amusante.	
J'ai dû essayer quelque chose pour la première fois.	
Une activité spéciale a été annulée.	

GESTES DE GENTILLESSE

Les gestes de gentillesse sont une façon de dire aux gens que tu tiens à eux.
Colorie les bulles contenant des exemples de gestes de gentillesse.

écouter

partager ma collation

mener tout le monde

avoir de bonnes manières

collaborer avec les autres

inclure quelqu'un dans un groupe

aider quelqu'un

manquer de politesse

taquiner quelqu'un

LA COURTOISIE

Le fait d'avoir un comportement poli et gentil envers les autres

Activité 1 : La courtoisie

Demandez aux élèves s'ils savent ce que signifient les mots « courtoisie » et « politesse ». Faites un remue-méninges afin de dresser une liste de ce qui est courtois et de ce qui ne l'est pas. Créez un grand livre de classe à partir de la liste proposée par les élèves.

Points de départ pour la discussion :

1. Pourquoi est-il important d'être poli avec les autres?
2. Comment vous sentez-vous quand quelqu'un est poli avec vous?
3. Comment vous sentez-vous quand vous êtes polis?
4. Selon vous, comment les autres se sentent-ils quand vous êtes polis avec eux?
5. Comment pourriez-vous être polis avec les autres aujourd'hui? Donnez des exemples.

Activité 2 : Encourager le respect

Demandez aux élèves ce que signifie « traiter les autres avec respect ». Dressez ensemble une liste de choses à faire et à ne pas faire si on veut traiter les gens avec respect dans différentes situations, par exemple quand quelqu'un est invité dans la classe. Affichez la liste sur le mur en guise de rappel pour les élèves. Voici quelques exemples de choses à faire et à ne pas faire : se montrer courtois et poli, écouter les autres sans les interrompre, traiter les autres comme on voudrait être traité, ne pas dénigrer les gens ou être méchant avec eux, et ne pas juger les gens avant de bien les connaître.

Activité 3 : Nous sommes tous pareils

Invitez les élèves à réfléchir au fait que nous sommes tous pareils et, malgré tout, uniques. Menez des sondages sur divers sujets et créez, avec les élèves, des graphiques pour montrer quelles peuvent être les similitudes et les différences entre les gens. Voici quelques sujets de sondages : le mois de leur anniversaire, leur couleur préférée, le nombre de personnes dans leur famille et leur plat préféré. Soulignez aussi les différences entre les élèves.

Points de départ pour la discussion :

1. Qu'est-ce que les élèves remarquent?
2. Qu'est-ce qui les a étonnés?

Activité 4 : L'amitié

Demandez aux élèves de définir l'amitié et de dire si, selon eux, il faut être soi-même un bon ami, ou une bonne amie, pour avoir un bon ami, ou une bonne amie. Créez tous ensemble une « recette » des comportements à adopter pour être un bon ami, ou une bonne amie. Discutez de chacun de ces comportements et demandez aux élèves de nommer des camarades qui ont ces comportements. Par exemple, un enfant peut partager, aider les autres, être gentil, être juste, être amusant ou avoir un bon esprit sportif.

Points de départ pour la discussion :

1. Comme ami ou amie, je pense que ce que je fais de mieux, c'est…
2. Comme ami ou amie, je pense que je dois m'efforcer d'améliorer…

LE LIVRE DE

_____

SUR LA COURTOISIE

La courtoisie, c'est d'attendre son tour pour parler.

La courtoisie, c'est d'utiliser un mouchoir.

La courtoisie, c'est de ne pas interrompre quelqu'un.

La courtoisie, c'est de dire merci.

La courtoisie, c'est d'avoir de bonnes manières à table.

JE T'APPRÉCIE!
OUI, TOI!

Merci de...

_____
_____
_____
_____
_____
_____
_____
_____
_____
_____
_____
_____
_____
_____
_____
_____

LE LIVRE DE

_____

SUR L'AMITIÉ

L'amitié, c'est de partager avec les autres.

L'amitié, c'est de jouer chacun son tour.

L'amitié, c'est de s'aider les uns les autres.

L'amitié, c'est de s'amuser avec les autres.

Voici un dessin
de mon ami ou amie et moi.

MON AMI / MON AMIE

Nom : _____

Qu'est-ce qu'un ami ou une amie?

_____

_____

Nomme un ami ou une amie d'école. _____

Dessine une activité que vous aimez faire ensemble.

Décris ton dessin.

_____

_____

_____

_____

TOUT SUR L'AMITIÉ

Nom : _____

Qui est ton meilleur ami, ou ta meilleure amie?

_____

- -

_____

Dessine une activité que vous aimez faire ensemble.

Décris ton dessin.

_____

- -

_____

- -

_____

Pourquoi cette personne est-elle ton meilleur ami, ou ta meilleure amie?

_____

- -

_____

- -

_____

28

TOUT SUR L'AMITIÉ

Imagine qu'il y a un nouvel élève dans ta classe. Que ferais-tu pour devenir son ami ou amie, et faire en sorte qu'il se sente le bienvenu?

_____

_____

_____

_____

_____

_____

_____

_____

_____

Dessine une activité que vous pouvez faire ensemble.

Colorie le dessin.

Qu'est-ce que ce dessin montre?

_____

- -

_____

_____

- -

_____

LA RESPONSABILITÉ

Le fait de s'acquitter d'une obligation ou d'une tâche avec soin et jusqu'au bout;
le fait qu'on puisse compter sur quelqu'un et lui faire confiance.

Activité 1 : Les membres de la famille travaillent ensemble

Demandez à tous les élèves s'ils trouvent que la famille est importante, puis invitez-les à illustrer leur réflexion par des exemples. Invitez-les ensuite à réfléchir à la contribution particulière de chacun des membres de la famille. Inscrivez les réponses des élèves dans un tableau et indiquez, par un crochet ou un trait, les réponses qui se répètent. Encouragez les élèves à réfléchir à leur propre rôle dans leur famille. Quelle est leur contribution? En quoi celle-ci aide-t-elle la famille? Donnez aux élèves un tableau à apporter chez eux pour qu'ils y notent comment les membres de leur famille travaillent ensemble.

Activité 2 : Les règles et les responsabilités à la maison

Faites un remue-méninges tous ensemble pour énumérer les règles imposées aux élèves à la maison. Inscrivez ces règles dans un tableau et demandez aux élèves si chacune de ces règles est appliquée chez eux. Voici quelques exemples de règles : se coucher à une heure donnée, ne pas s'approcher de la cuisinière sans être accompagné d'un adulte, être poli, ramasser ses jouets, etc.

Points de départ pour la discussion :

1. Quelles sont les règles visant à assurer votre sécurité à la maison?
2. Quelles sont les règles visant à vous garder en santé?
3. Quelles sont les règles qui aident les membres de la famille à bien s'entendre?
4. Selon vous, qu'est-ce qui se passerait s'il n'y avait pas de règles à la maison?
5. Quelles règles changeriez-vous? Pourquoi?

Activité 3 : Les règles et les responsabilités à l'école

À l'aide de bandes de papier, faites un remue-méninges avec les élèves pour établir ensemble des règles à appliquer dans la classe ou à l'école. Voici quelques exemples : marcher dans les corridors, ne pas frapper les autres, être poli, demander la permission d'aller aux toilettes, etc.

Points de départ pour la discussion :

1. Selon vous, quelle est la règle la plus importante?
2. Selon vous, qui devrait établir les règles dans la classe ou à l'école?
   Expliquez vos réponses.
3. Quelles sont les règles visant à assurer votre sécurité?
4. Quelles sont les règles visant à vous aider à apprendre?
5. Quelles sont vos responsabilités à l'école?
6. Quelles sont les responsabilités des gens qui travaillent à votre école?
7. Les règles à l'école sont-elles différentes des règles à l'extérieur de l'école?

Activité 4 : Les règles dans les lieux publics

Faites le même exercice que ci-dessus, en parlant plutôt des lieux publics.

LES MEMBRES DE LA FAMILLE TRAVAILLENT ENSEMBLE

Nom : _____

Veuillez remplir ce tableau afin d'aider votre enfant à comprendre le fonctionnement d'une famille et la contribution apportée par chacun de ses membres. Par exemple, le frère aide à nourrir le bébé; les parents préparent les repas. Encouragez votre enfant à réfléchir à son propre rôle au sein de la famille. Quelle est sa contribution?

Membre de la famille	Tâche ou contribution

LES RESPONSABILITÉS À LA MAISON

Colorie les dessins montrant un ou une enfant qui assume une responsabilité à la maison.

LES RÈGLES SONT IMPORTANTES

Une règle appliquée à _____

_____

Cette règle est importante parce que

_____

_____

_____

_____

_____

LE LIVRE DE

_____

SUR LA RESPONSABILITÉ

Je me montre responsable à la maison quand je passe l'aspirateur.

Je me montre responsable à la maison quand j'essuie la vaisselle.

Je me montre responsable à la maison quand je plie le linge.

Je me montre responsable envers moi-même quand je lace mes souliers.

Je me montre responsable envers moi-même quand je me brosse les dents.

Je me montre responsable à l'école quand je fais mon travail.

Je me montre responsable à l'école quand je respecte les règles.

L'ÉQUITÉ

Le fait d'être honnête et juste

Activité 1 : Qu'est-ce que l'équité?

Points de départ pour la discussion :

1. Qu'est-ce que ça veut dire « traiter les gens avec équité »?
2. Avez-vous déjà dit : « Ce n'est pas juste»? Comment savez-vous si une chose est injuste?
3. Avez-vous déjà joué à un jeu avec quelqu'un qui trichait? Comment vous sentiez-vous?
4. L'équité, est-ce que ça consiste à appliquer les mêmes règles pour tous, même si ça signifie qu'on va perdre au jeu?

Activité 2 : L'honnêteté est la meilleure option

Demandez aux élèves ce que signifie, selon eux, la phrase « L'honnêteté est la meilleure option ». Sont-ils d'accord avec cette expression? Demandez-leur d'expliquer leur réponse.

Points de départ pour la discussion :

1. Pourriez-vous faire confiance à quelqu'un qui ment? Qui triche? Qui vole? Pourquoi?
2. Vous est-il déjà arrivé de dire la vérité, même si c'était difficile à faire? Expliquez votre réponse.

Activité 3 : Prendre les bonnes décisions

Encouragez les élèves à prendre l'habitude de réfléchir à ce qui est bien et à ce qui est mal avant de choisir le comportement à adopter dans différentes situations. Organisez des jeux de rôles à partir des différents scénarios proposés sur les cartes de comportements incluses dans le présent guide. Discutez de ce qui se passe, dans chacun des scénarios, avec les enfants qui choisissent la « bonne chose à faire » et avec ceux qui choisissent la « mauvaise chose à faire », et comparez les situations. Comment les enfants se sentiraient-ils après chaque décision? Quelles en sont les conséquences?

Points de départ pour la discussion :

1. À quoi devriez-vous réfléchir avant de décider si c'est bien ou si c'est mal de faire quelque chose?
2. Que se passerait-il si personne ne se préoccupait de faire la « bonne chose »?
3. Êtes-vous d'accord avec les gens qui disent : « Tant pis pour ceux qui ont perdu des choses, moi, je les garde si je les trouve»? Expliquez votre pensée.

Activité 4 : Qu'est-ce que la résolution de conflit?

Présentez aux élèves la notion de résolution de conflit. Il s'agit d'un processus qui aide à résoudre les problèmes de façon positive. Chaque personne en cause est encouragée à assumer la responsabilité de ses actes. Pour les enfants plus jeunes, vous voudrez peut-être parler plutôt de « trouver une solution ». Voici quelques étapes à suivre dans la résolution de conflit :

- C'est quoi, le problème?
- Écouter sans interrompre.
- Discuter de la question.
- Proposer différentes solutions.

Examinez ce processus avec les élèves et discutez-en. Organisez des jeux de rôles pour permettre aux élèves d'appliquer les différentes étapes du processus. Encouragez les élèves à essayer de comprendre le point de vue de l'autre. Vous voudrez peut-être vous inspirer de situations vécues dans leur classe. Encouragez les élèves à proposer différentes solutions, de manière à les habituer, si une solution ne fonctionne pas, à en trouver une autre. Vous pouvez aussi afficher au tableau les étapes à suivre pour la résolution de conflit, afin que les élèves puissent s'y reporter facilement.

POINTS DE DÉPART POUR LA DISCUSSION

POINT DE DÉPART POUR LA DISCUSSION

Un de tes camarades a besoin d'un crayon rouge et il n'en a pas. Mais toi, tu as un crayon rouge.

Qu'est-ce que tu peux faire?

POINT DE DÉPART POUR LA DISCUSSION

Tu vois une élève qui est tombée dans la cour d'école et qui pleure.

Qu'est-ce que tu peux faire?

POINT DE DÉPART POUR LA DISCUSSION

Nomme une façon équitable de décider qui va jouer le premier ou la première à un jeu.

Explique ta réponse.

POINT DE DÉPART POUR LA DISCUSSION

Tu fais la file à la cantine de l'école et tu vois de l'argent tomber de la poche de quelqu'un.

Quelle est la bonne chose à faire?

POINT DE DÉPART POUR LA DISCUSSION

Tu es vraiment en colère parce que quelqu'un a pris ton crayon préféré sur ton pupitre.

Qu'est-ce que tu vas faire?

POINT DE DÉPART POUR LA DISCUSSION

Est-ce qu'il y a une personne que tu admires? De qui s'agit-il?

Explique les raisons.

POINTS DE DÉPART POUR LA DISCUSSION

POINT DE DÉPART POUR LA DISCUSSION

Il y a une nouvelle élève
dans ta classe.
Qu'est-ce que tu vas faire pour
qu'elle se sente la bienvenue?

POINT DE DÉPART POUR LA DISCUSSION

Il y a un jouet que tu aimerais
bien t'acheter, mais tu n'as pas
assez d'argent pour le moment.

**Qu'est-ce que
tu peux faire?**

POINT DE DÉPART POUR LA DISCUSSION

Tu veux attirer l'attention
de ta gardienne, mais elle est
au téléphone.

**Qu'est-ce que
tu dois faire?**

POINT DE DÉPART POUR LA DISCUSSION

Ta mère veut que tu te prépares
pour te coucher, mais
tu n'en as pas envie.

**Qu'est-ce que
tu dois faire?**

POINT DE DÉPART POUR LA DISCUSSION

Tu viens de renverser quelque
chose dans la maison et
tu as fait un gros dégât.

**Qu'est-ce que
tu dois faire?**

POINT DE DÉPART POUR LA DISCUSSION

Comment peux-tu montrer
que tu organises bien
ton temps à l'école?

Explique ta réponse.

LE LIVRE DE

_____

SUR L'ÉQUITÉ

Je me montre équitable en attendant mon tour.

Je me montre équitable en respectant les règles.

Je me montre équitable en traitant les autres comme je voudrais qu'ils me traitent.

Je me montre équitable parce que je réfléchis aux conséquences de mes actes sur les autres.

Je me montre équitable parce que je ne blâme pas les autres pour mes erreurs.

SCÉNARIOS DE CONFLITS

SCÉNARIO DE CONFLIT

L'enseignante t'a demandé de te mettre en rang pour la récréation. Un élève de la classe te pousse et se place devant toi au lieu d'aller au bout du rang.

Qu'est-ce que tu vas faire?

SCÉNARIO DE CONFLIT

Une élève de la classe t'a pris tes fournitures sans te demander la permission.

Qu'est-ce que tu vas faire?

SCÉNARIO DE CONFLIT

Tu es en train de faire une construction avec des cubes et quelqu'un fait exprès de la démolir.

Qu'est-ce que tu vas faire?

SCÉNARIO DE CONFLIT

Tu joues au ballon avec ton ami à la récréation. Un autre enfant arrive et prend le ballon.

Qu'est-ce que tu vas faire?

SCÉNARIO DE CONFLIT

Ta meilleure amie et toi avez une dispute. Ta meilleure amie ne veut plus jouer avec toi.

Qu'est-ce que tu vas faire?

SCÉNARIO DE CONFLIT

Tu essaies de faire ton travail à ton pupitre, mais la même personne vient sans cesse te déranger.

Qu'est-ce que tu vas faire?

TROUVE UNE SOLUTION!

C'est quoi, le problème?

Écoute sans interrompre.

Discute de la question.

Propose différentes solutions.

LE CIVISME

Le fait de respecter les lois et d'apporter sa contribution à son école,
à sa communauté et à son pays

Activité 1 : Qu'est-ce que le civisme?

Présentez à tous les élèves la notion de civisme. Insistez auprès des enfants sur le fait qu'ils ont tous quelque chose à apporter à la classe, à l'école et à la communauté. Faites un remue-méninges pour dresser une liste des choses que les enfants peuvent faire pour aider en classe, à la maison, à l'école et dans la communauté.

Points de départ pour la discussion :

1. Demandez aux élèves comment ils se sentent quand ils aident quelqu'un.
2. Demandez aux élèves comment ils se sentent quand quelqu'un les aide.
3. Nommez des gens qui travaillent comme bénévoles à l'école ou dans la communauté et que les enfants connaissent. Parlez des motivations de ces gens.
4. Comment le fait de respecter les règles montre-t-il qu'on est un bon citoyen, ou une bonne citoyenne?
5. De quelle manière les travailleurs communautaires font-ils de la communauté un endroit meilleur?

Activité 2 : Faire une différence

Dressez ensemble une liste de gens qui pourraient avoir besoin d'aide. Encouragez les élèves à penser à des gens qu'ils connaissent ou à des situations spécifiques, comme les enfants des pays pauvres. Discutez aussi des organismes de bienfaisance dont les enfants ont entendu parler et des activités de collecte de fonds auxquelles ils ont participé à l'école ou avec leur famille.

Donnez aux élèves de votre classe l'occasion de mettre en pratique leur civisme en participant à un projet à l'école ou dans la communauté. Voici quelques suggestions :

- planter un jardin à l'école;
- recueillir des jouets pour les enfants défavorisés;
- recueillir des vêtements pour un refuge;
- participer à une collecte de livres pour l'école ou pour un refuge;
- amasser des fournitures scolaires pour les enfants des pays pauvres;
- amasser des pièces d'un dollar pour un organisme de bienfaisance;
- participer à une journée de ramassage des déchets;
- se rendre en groupe dans une résidence pour personnes âgées afin d'y chanter des chansons ou de jouer à des jeux avec les résidents.

Activité 3 : Collage de classe sur le civisme

Réalisez un collage de classe sur le civisme en vous servant de mots, d'illustrations et de photos découpés dans des magazines ou des journaux.

NOS TRAVAILLEURS COMMUNAUTAIRES

Quel genre de travailleur ou travailleuse communautaire aimerais-tu être?

_____

- -

_____

Fais un dessin.

Comment cette personne aide-t-elle la communauté?

_____

- -

_____

ÉCUSSON DU CIVISME

Dessine un écusson du civisme pour montrer aux gens comment être de bons citoyens.

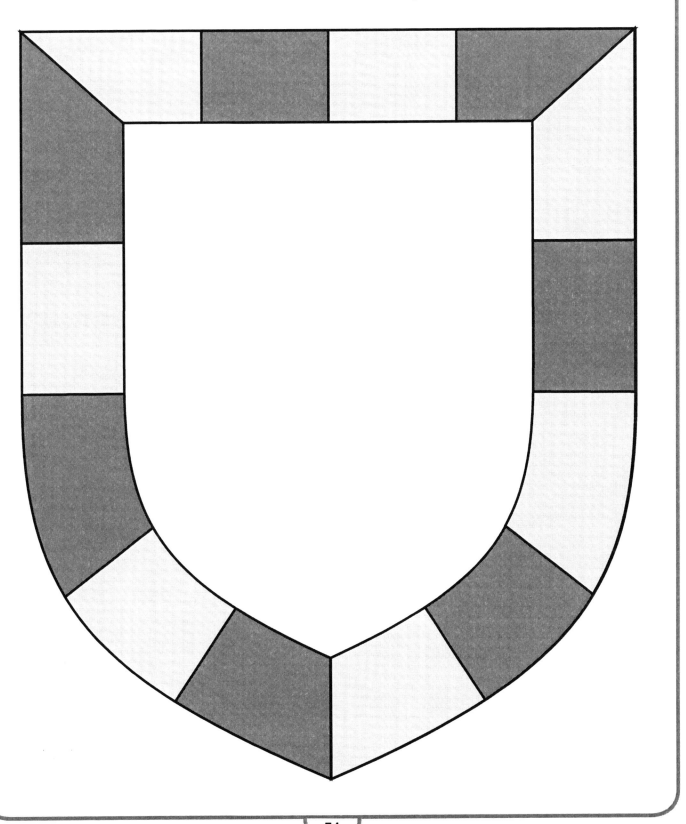

LE LIVRE DE

SUR LE CIVISME

Je suis un bon citoyen, ou une bonne citoyenne, parce que j'essaie de rendre le monde meilleur.

Je suis un bon citoyen, ou une bonne citoyenne, parce que je prends soin de l'environnement.

Je suis un bon citoyen, ou une bonne citoyenne, parce que je respecte les règles.

Je suis un bon citoyen, ou une bonne citoyenne, parce que je fais ma part dans ma communauté.

Je suis un bon citoyen, ou une bonne citoyenne, parce que je traite les gens avec respect.

54

EXERCICE DE RÉFLEXION

Ce que je crois savoir...

Ce que je me demande...

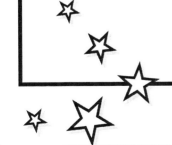

CARTES DE COMPORTEMENTS

CARTES DE COMPORTEMENTS

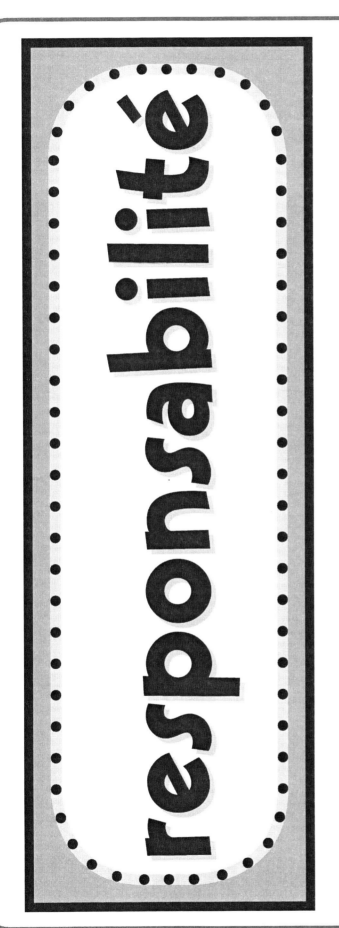

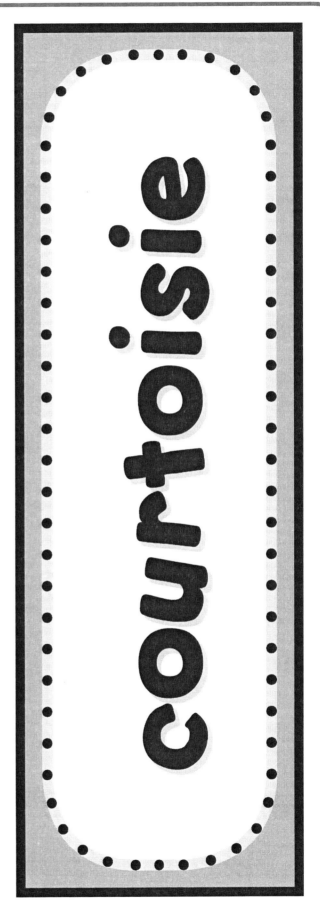

civisme

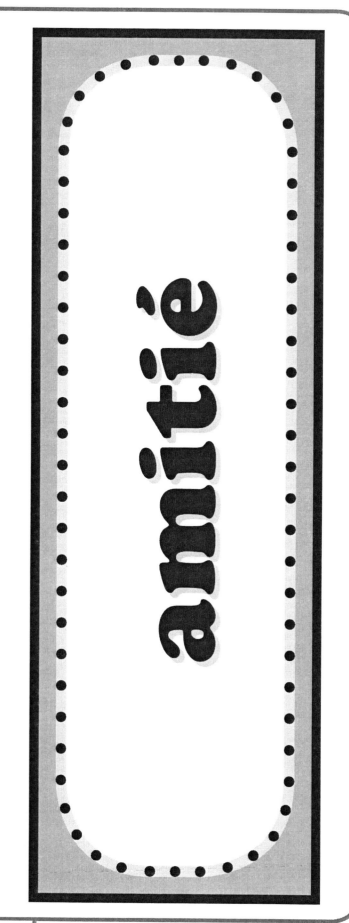

amitié

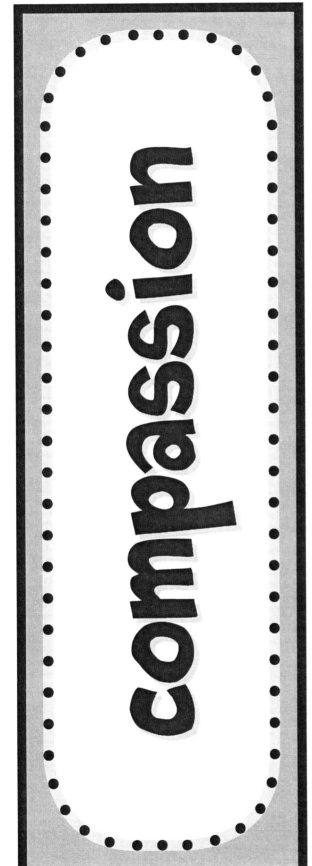

compassion

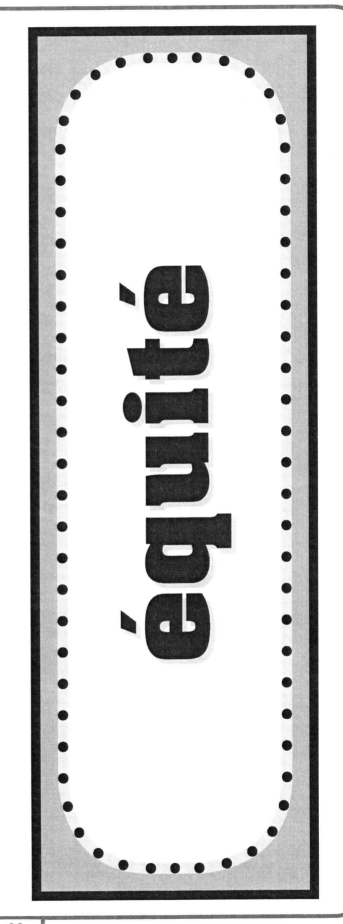

équité

63

RÉFLEXION SUR LES BONS COMPORTEMENTS

Mon journal porte sur :

_____

- -

_____

_____

- -

_____

_____

- -

_____

_____

LE JOURNAL DE

_____

SUR LES BONS COMPORTEMENTS

Quelques idées pour ton journal :

- Décris comment tu as fait preuve de civisme.
- Décris comment tu as fait preuve de courtoisie.
- Explique ce que tu as fait pour atteindre un objectif spécial.
- Décris comment tu as montré que tu étais responsable.
- Décris comment tu as montré que tu étais un bon ami, ou une bonne amie.

MES BONS COMPORTEMENTS

Lundi

MES BONS COMPORTEMENTS

Mardi

MES BONS COMPORTEMENTS

Mercredi

MES BONS COMPORTEMENTS

Jeudi

MES BONS COMPORTEMENTS

Vendredi

MES BONS COMPORTEMENTS

Samedi

MES BONS COMPORTEMENTS

Dimanche

CHANSON SUR LES BONS COMPORTEMENTS

Sur l'air de *Si tu aimes le soleil, frappe des mains.*

Si tu te comportes bien,
frappe des mains!

Si tu te comportes bien,
frappe des mains!

Si tu te comportes bien
et que tu veux le montrer...

(Invitez une ou un enfant à jouer un bon comportement.)

Si tu te comportes bien,
frappe des mains!

UNE TOILE D'IDÉES SUR...

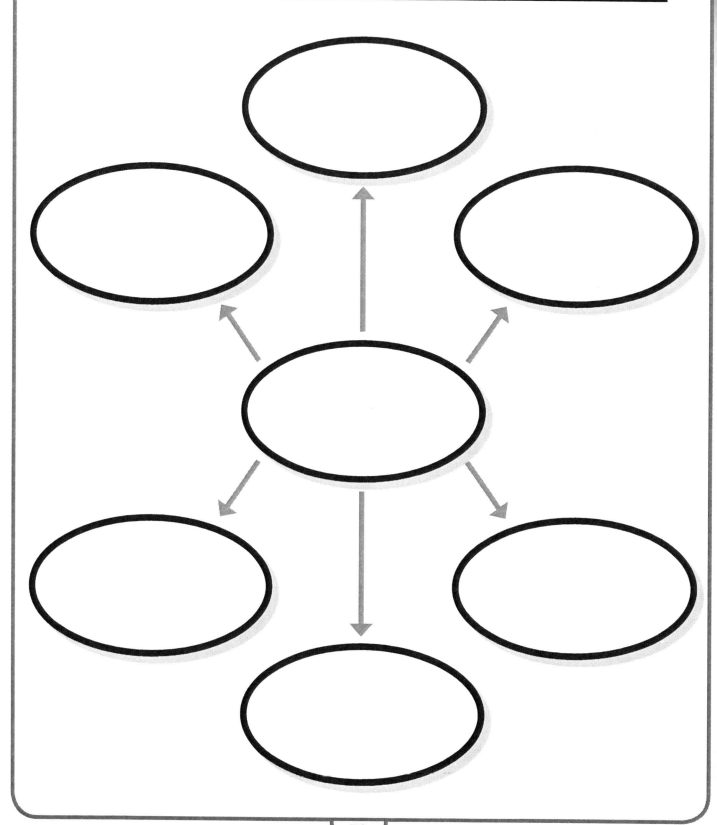

T-SHIRT CONSEILS

Dessine un t-shirt qui donne des conseils sur les manières d'être

_____

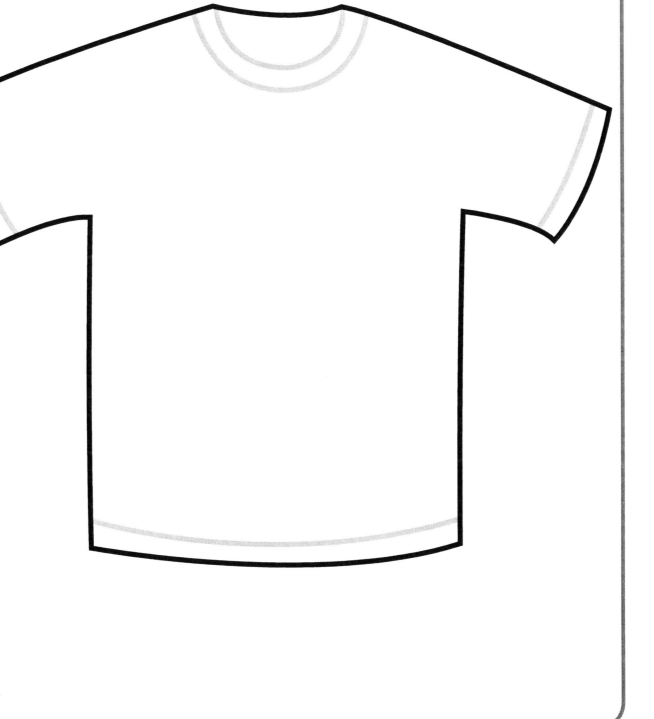

UN GRAPHIQUE EN T SUR...

_____

CRÉE UN TIMBRE-POSTE

Décris ton timbre.

PRIX DE LA RESPONSABILITÉ

Bravo! Continue!

PRIX DE L'AMITIÉ

Ce prix est attribué à :

PRIX DE LA COURTOISIE

BRAVO!
CONTINUE!

EXCELLENTES MANIÈRES!

CE PRIX EST ATTRIBUÉ À :

_____

QUEL BON TRAVAIL!

Continue!

SUPER ESPRIT SPORTIF!

Ce prix est attribué à :

_____

PRIX DU CIVISME

BRAVO!
CONTINUE!

Prix du service communautaire

Ce prix est attribué à :

SUPER!

Ce prix est attribué à :

_____

QUEL BON TRAVAIL! CONTINUE!

Ce prix est attribué à :

_____

GRILLE D'ÉVALUATION DE LA PARTICIPATION

NIVEAU	PARTICIPATION DE L'ÉLÈVE
Niveau 4	L'élève contribue toujours aux discussions et aux activités en classe en exprimant des idées et en posant des questions.
Niveau 3	L'élève contribue généralement aux discussions et aux activités en classe en exprimant des idées et en posant des questions.
Niveau 2	L'élève contribue parfois aux discussions et aux activités en classe en exprimant des idées et en posant des questions.
Niveau 1	L'élève contribue rarement aux discussions et aux activités en classe en exprimant des idées et en posant des questions.

GRILLE D'ÉVALUATION DE LA COMPRÉHENSION DES CONCEPTS

NIVEAU	COMPRÉHENSION DES CONCEPTS
Niveau 4	L'élève démontre une excellente compréhension de tous les concepts, ou presque tous, et donne toujours des explications complètes et appropriées sans l'aide de qui que ce soit. Elle ou il n'a pas besoin d'aide de l'enseignante ou l'enseignant.
Niveau 3	L'élève démontre une bonne compréhension de la plupart des concepts et donne généralement des explications complètes ou à peu près complètes. Elle ou il a rarement besoin d'aide de l'enseignante ou l'enseignant.
Niveau 2	L'élève démontre une compréhension satisfaisante de la plupart des concepts et donne parfois des explications appropriées, mais incomplètes. Elle ou il a parfois besoin d'aide de l'enseignante ou l'enseignant.
Niveau 1	L'élève démontre une piètre compréhension des concepts et donne rarement des explications complètes. Elle ou il a besoin d'une aide intensive de l'enseignante ou l'enseignant.

GRILLE D'ÉVALUATION DE LA COMMUNICATION DES CONCEPTS

NIVEAU	COMMUNICATIONDES CONCEPTS
Niveau 4	L'élève communique toujours avec clarté et précision, tant oralement que par écrit. Elle ou il emploie toujours une terminologie et un vocabulaire appropriés.
Niveau 3	L'élève communique généralement avec clarté et précision, tant oralement que par écrit. Elle ou il emploie généralement une terminologie et un vocabulaire appropriés.
Niveau 2	L'élève communique parfois avec clarté et précision, tant oralement que par écrit. Elle ou il emploie parfois une terminologie et un vocabulaire appropriés.
Niveau 1	L'élève communique rarement avec clarté et précision, tant oralement que par écrit. Elle ou il emploie rarement une terminologie et un vocabulaire appropriés.

COMMENT ÇA VA?

	JE FAIS MON TRAVAIL...	J'ORGANISE MON TEMPS...	JE SUIS LES CONSIGNES...	J'ORGANISE MES AFFAIRES...
SUPER!	• Je fais toujours mon travail au complet et avec soin. • J'ajoute des détails supplémentaires.	• Je termine toujours mon travail à temps.	• Je suis toujours les consignes.	• Mes affaires sont toujours en ordre. • Je suis toujours prêt(e) et disposé(e) à apprendre.
CONTINUE!	• Je fais mon travail au complet et avec soin. • Je vérifie mon travail.	• Je termine généralement mon travail à temps.	• Je suis généralement les consignes sans qu'on me les rappelle.	• Je trouve généralement mes affaires. • Je suis généralement prêt(e) et disposé(e) à apprendre.
ATTENTION!	• Je fais mon travail au complet. • Je dois vérifier mon travail.	• Je termine parfois mon travail à temps.	• J'ai parfois besoin qu'on me rappelle les consignes.	• J'ai parfois besoin de temps pour trouver mes affaires. • Je suis parfois prêt(e) et disposé(e) à apprendre.
ARRÊTE!	• Je ne fais pas mon travail. • Je dois vérifier mon travail.	• Je termine rarement mon travail à temps.	• J'ai besoin qu'on me rappelle les consignes.	• Je dois mieux organiser mes affaires. • Je suis rarement prêt(e) et disposé(e) à apprendre.